Décorez et aménagez une cuisine

Tous les conseils et astuces de

Valérie Damidot

avec la collaboration rédactionnelle
de Isabelle Bruno

En partenariat avec Hygena

HACHETTE
Pratique

M6 EDITIONS

Sommaire

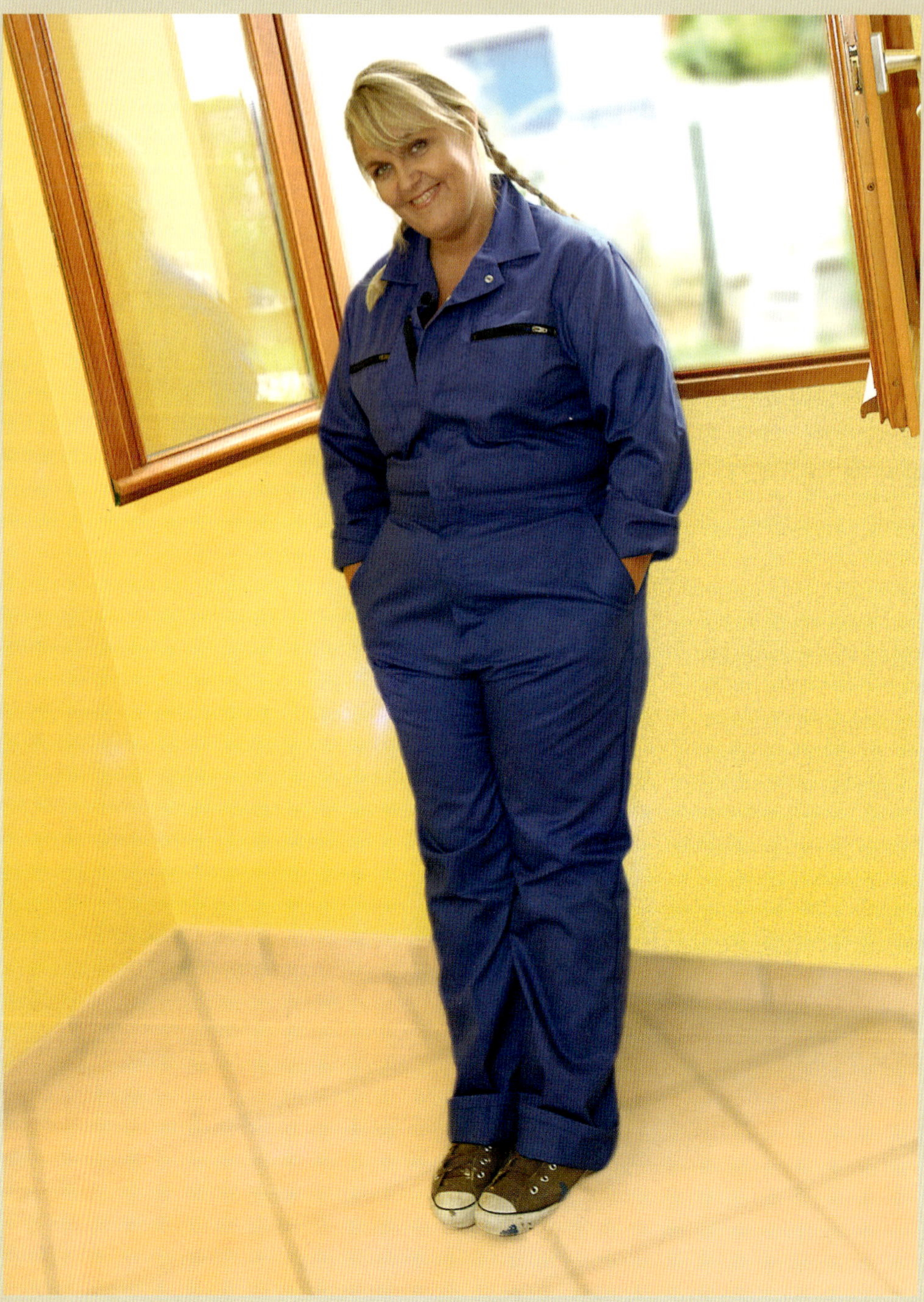

Et si, cher lecteur, on te mitonnait une cuisine qui, au final, serait aussi bonne que ton plat préféré ? Pour le réussir, tu fais toujours pareil : à ta recette, tu ajoutes tes propres trucs, non ? Une épice qui donne du piquant à un pot-au-feu des familles, des truffes dans ton plat de pâtes, etc. Je suis sûre qu'avec toi, même des patates à l'eau prennent de la saveur... Pourvu que tu te laisses aller à être toi-même !
Pour la conception de ta cuisine, c'est un peu la même chose. La bonne recette, c'est l'agencement : position des trois pôles d'activités, emplacement et taille des placards, équipement électroménager, etc. À cette base, qui est là pour t'aider à choisir, tu peux ajouter, selon ton humeur et tes goûts, une couleur, un matériau, un détail déco, bref tout ce qui fait de ta cuisine un reflet de ta personnalité. Et quand tu auras créé grâce à ce livre la cuisine de tes rêves, une seule obligation : tu m'invites à déjeuner !

Valérie

Posez le diagnostic

Vous rêvez d'une cuisine sur mesure, conçue rien que pour vous et qui s'adapte parfaitement à votre mode de vie ? Ne désespérez pas, en dépit des apparences, refaire sa cuisine n'est pas forcément un défi insurmontable. Les moins bricoleurs d'entre vous peuvent même s'y risquer. Mais attention, pour réussir, vous devez respecter certaines étapes avant de prendre des décisions sur lesquelles vous ne pourrez plus revenir.

1 Votre cuisine et vous

1 Quelles sont vos pratiques culinaires ?

• **Vous cuisinez beaucoup**, le plus souvent avec des produits frais : vous avez besoin d'ustensiles qui prennent de la place (cocottes, batterie de casseroles, etc.). Si vous manquez de place, stockez moins de produits de longue conservation (riz, pâtes, etc.) et privilégiez l'espace de préparation (plan de travail, évier à double bac, robinetterie à douchette, espace de rangement pour les produits frais).

• **Vous aimez recevoir** et vos copains adorent votre cuisine. Bref, vous êtes un chef : ne lésinez pas sur le poste de cuisson : un piano est idéal (quoique coûteux). Cet équipement de pro comporte souvent de nombreux feux et un large four. Il demande de la place. D'autre part, vous aurez beaucoup de vaisselle à stocker. Prévoyez un meuble suffisamment grand et pratique que vous pourrez installer dans la salle à manger si votre cuisine est trop petite.

Posez le diagnostic

• **Vous cuisinez peu**, vos plats sont préparés pour la semaine ou vous êtes un adepte des plats cuisinés surgelés : vous aurez besoin d'un réfrigérateur et d'un congélateur conséquents mais d'assez peu de placards pour les produits de longue conservation. Plutôt que de vous encombrer de deux fours, choisissez un modèle combiné (micro-ondes et chaleur traditionnelle). Certains permettent la cuisson simultanée de plusieurs plats sans mélange d'odeurs ni de saveurs.

2 Quel est votre mode de vie ?

• **La cuisine est le rendez-vous de toute la famille** : enfants et parents s'y retrouvent volontiers et les devoirs se font entre les

Faites des plans

Pour réfléchir sereinement, vous ne pouvez faire l'impasse sur un plan bien ficelé. Mesurez précisément les surfaces puis détaillez les espaces perdus (portes, fenêtres, radiateurs, etc.) et les contraintes techniques (arrivées et évacuations d'eau, prises électriques, etc.). Vous aurez ainsi une vision nette des surfaces à équiper et des difficultés qui peuvent se présenter. Tentez de les résoudre avant de commencer l'aménagement. Si vous vous dites que vous verrez ça le moment venu, vous prenez des risques ! Planifiez dans le détail le déroulement des travaux, même s'il s'agit seulement de donner un coup de peinture.

épluchures et le dernier hobby de papa. Vous avez donc besoin de place pour une table assez grande. Pensez aux îlots qui servent à la fois de table, de plan de travail et de rangements.

- **Vous avez des enfants en bas âge** : soyez vigilant, c'est dans la cuisine qu'ont lieu la plupart des accidents domestiques. Il existe dans le commerce des systèmes de sécurité faciles à poser (voir p. 24-26). Essayez de prévoir une petite table à leur hauteur, des chaises assorties ainsi que des rangements (panier, casier roulant) pour leurs crayons, pâtes à modeler et jeux.

Le conseil de VALÉRIE

Votre cuisine est grande comme un mouchoir de poche ? Optez alors pour un chariot à roulettes avec des étagères. Bien costaud, il vous accompagnera jusqu'à la salle à manger et vous ferez vos préparations dessus, tout en restant en famille.

3 Quelles sont vos intentions ?

• **Vous partez de zéro** : vous faites construire votre maison ou refaire votre appartement. Libre à vous de décider de la taille de votre cuisine. Ce choix se fera en fonction du nombre de personnes vivant au foyer et de vos pratiques domestiques (voir plus haut). Pour être une pièce à vivre, la cuisine doit s'étendre au minimum sur une surface de 10 m², sauf, bien entendu, si vous optez pour une cuisine ouverte reliée au salon. Dans ce cas, les conseils d'un architecte ou d'un cuisiniste vous seront utiles.

• **Vous refaites entièrement votre cuisine**, mais vous ne pouvez modifier ni sa surface ni l'emplacement des arrivées d'eau et de gaz et des prises électriques : de ces paramètres va dépendre votre nouvel aménagement. Dans un premier temps, dressez l'inventaire de l'existant, de ce que vous souhaitez garder ou non, de ce que vous pouvez améliorer. Listez les points noirs, il suffit parfois de peu pour changer tout.

• **Vous ne voulez pas modifier l'aménagement**, même si votre cuisine a l'air tristounet des pièces vieillottes et mal entretenues. Refaire sa déco ne sera pas très difficile, mais demandera un peu de temps. Prévoyez un pique-nique les jours de grands chambardements car l'art de la customisation demande un respect absolu des temps de séchage ! (Voir « C'est parti ! »)

2 Qui s'en occupe ?

1 Le sur-mesure des grandes marques

Avec un cuisiniste franchisé d'une grande marque (Mobalpa, Vogica, Schmidt, Pérène, Hygena, etc.), vous bénéficiez des garanties qu'offre celle-ci (normes de qualité, délais de livraison, SAV), mais vous vous retrouverez sans doute face à des choix esthétiques standardisés. Il vaut mieux, avant votre premier rendez-vous,

Le conseil de VALÉRIE

Question budget

- *Avant de prendre une décision que vous pourriez bien regretter, déterminez votre budget et vos priorités. Si vous repeignez vos meubles au lieu de les changer, vous pourrez, par exemple, vous offrir un nouveau réfrigérateur.*
- *Vous pouvez aussi privilégier des points particuliers comme la plomberie ou l'électricité en faisant appel à des professionnels et vous occuper seul du montage des meubles. À vous de reconnaître où sont vos compétences et vos envies. Quoi qu'il en soit, le mieux est de rester dans l'enveloppe fixée au départ.*

que vous ayez une idée de la cuisine que vous souhaitez. Consultez auparavant le site de la marque que vous avez choisie. Certaines d'entre elles proposent un logiciel téléchargeable gratuitement qui vous permet d'imaginer votre futur agencement. Plus vous serez précis dans votre demande, meilleur sera le résultat.

Le conseil de VALÉRIE

Des accessoires gourmands

• Les cuisinistes proposent souvent une foule d'accessoires tous plus géniaux les uns que les autres et parfaitement adaptés à leurs modèles de mobilier. Du tiroir à compartiments au tabouret escamotable, du carrousel à l'évier qui fait aussi lave-vaisselle, ce sera très dur de résister à la tentation !

LAPEYRE la maison...

• Restez ferme sur votre budget. Ne décidez pas à la légère l'achat d'un accessoire simplement parce que vous imaginez « qu'il pourrait vous servir ». Demandez-vous d'abord s'il simplifie vos pratiques quotidiennes et l'usage que vous faites de votre cuisine.

2 Le sur-mesure des artisans cuisinistes

• Les artisans cuisinistes réalisent le plus souvent des devis très détaillés, élément par élément. Libre à vous d'ôter ou d'ajouter un élément, pourvu qu'il ne provoque pas de grands changements sur l'ensemble de l'installation. Bien souvent, le cuisiniste est à même de vous proposer de l'électroménager encastrable. Avant de choisir cette solution, qui vous facilite drôlement la vie, comparez les prix des appareils avec ceux pratiqués dans la grande distribution.

• Ne choisissez pas votre cuisiniste au hasard, mais avec des références : vos amis, votre famille, des voisins ont pu utiliser ses compétences. Pour toutes les pièces atypiques, biscornues et les problèmes techniques, il vous sera d'un grand secours. Il peut coordonner les travaux des artisans qui interviennent avant lui (plombier, carreleur, peintre ou électricien) et vous laisser le champ libre quand vous savez bricoler. D'autre part, vous disposerez d'une plus grande marge de manœuvre dans le choix des matériaux, l'esthétique du mobilier et son aménagement.

• Soyez précis néanmoins dans vos demandes pour que le devis soit fiable et intègre tous les postes et éventuellement d'autres corps d'état que la menuiserie. Assurez-vous que l'artisan dispose des assurances nécessaires en cas de retard ou de dégâts. Prévoyez des rendez-vous réguliers sur le chantier et une réunion qui marquera la fin des travaux, avec vos réserves éventuelles ou un refus global. Vous avez peu de risque d'en arriver là, mais on ne sait jamais.

3 La cuisine labellisée

- **Le SNEC** (Syndicat national Équipement Cuisine) attribue un label aux cuisinistes qui s'engagent dans la charte de qualité intitulée « La cuisine à vos mesures ». Un repère qu'il ne faudra pas négliger dans le choix de votre interlocuteur.

- **Le label NF** « Ameublement cuisine salle d'eau », délivré par le CTBA (Centre technique du bois et de l'ameublement) et l'AFNOR (Association française de normalisation), assure la conformité des meubles aux normes françaises. Cependant, il n'est pas obligatoire, et certains meubles qui n'en disposent pas sont de bonne qualité.

4 C'est moi qui l'ai fait !

- Si vous avez choisi de faire entièrement votre cuisine, bienvenue au pays du kit. Il domine le marché du mobilier de cuisine, et pour cause ! Bien moins cher, il permet toutes les audaces décoratives et un aménagement personnalisé, échelonné en fonction de vos moyens.

POT O FEU
CUISINE

Combien ça coûte ?

Le prix d'une cuisine sur mesure de grande marque est très variable selon la gamme choisie. Comptez pour une cuisine de milieu de gamme un minimum de 3 500 €. Pour une cuisine sur mesure d'un artisan, vous devrez débourser au minimum 7 000 €. Dans ces deux cas, les meubles représentent la moitié de votre budget, la pose seulement 5 à 10 %, les travaux annexes s'évaluent autour de 20 % et l'électroménager à 30 %.
La cuisine en kit est de loin la moins chère puisque vous pourrez vous équiper à partir de 1 500 € (hors livraison et pose).

Inter IKEA Systems B.V. 2008

• Certains critères doivent vous rendre prudent : si vous n'avez jamais bricolé, il va falloir vous entraîner ou même prendre des cours d'initiation. Même si le kit n'est pas bien sorcier, il demande de la précision et nécessite de savoir au minimum percer, visser, clouer et coller proprement. Si l'implantation est complexe (murs en mauvais état, angles biaisés, hauteur de plafond inhabituelle, surface trop étroite, etc.), la standardisation des meubles en kit vous empêchera de tirer le meilleur parti de votre espace.

• Vous devrez déléguer les postes techniques (la plomberie et l'électricité) et, pour cela, avoir un plan précis des aménagements.

Le conseil de VALÉRIE

Kit déjà monté, kit posé

Les fabricants se sont rendus à l'évidence, il faut faciliter la vie de ses concitoyens ! La plupart proposent aujourd'hui d'emporter les caissons déjà montés. Une économie de temps considérable pour le bricoleur du dimanche qui devra en revanche s'occuper seul de la livraison et de la fixation. Avec le même élan philanthropique (mais pas gratuit !), les fabricants mettent à votre disposition un service de pose à domicile. Ce n'est pas du sur-mesure, mais c'est tout comme !

Trouvez les bonnes solutions

Avant de rejoindre le rayon déco, passez par la case architecture ! Car c'est bien de cela qu'il s'agit pour une cuisine. Tout doit être prévu, combiné et aménagé pour assurer votre confort et votre sécurité. Ne laissez rien au hasard, les petits détails comptent plus que vous ne le pensez : une prise qui manque et c'est un appareil en moins, un plan de travail à une hauteur mal adaptée et vous aurez mal au dos...

Respectez les zones

Les zones d'activités sont clairement déterminées et doivent le rester. Une bonne disposition des éléments sera le garant de votre confort et de votre sécurité. Elle évite les déplacements inutiles entre les zones vous fait gagner du temps et rend plus rationnels à la fois la préparation des repas, le rangement des courses et le nettoyage.

On en compte au moins trois :

• la zone de lavage. Elle intègre l'évier muni ou non d'un égouttoir, le lave-vaisselle et des rangements pour les produits ménagers ;

• la zone de cuisson. Séparée au minimum de 60 cm de la zone de lavage, pour des raisons de sécurité, elle réunit les appareils de cuisson (gaz ou électricité), fours et hotte aspirante. Prévoyez toujours un espace libre à côté pour poser vos casseroles et cocottes chaudes ;

• la zone de froid. Elle comprend comme son nom l'indique le réfrigérateur et le congélateur.

À ces trois zones, on peut ajouter :

• le rangement des ustensiles et des aliments de longue conservation ;

• le coin repas (table et chaises et éventuellement vaisselier) ;

• la préparation (bien souvent constituée du plan de travail et de la crédence sur laquelle on dispose les ustensiles).

Économisez vos pas

C'est fou ce que l'on peut marcher dans un si petit espace : en moyenne 180 m chaque jour ! Rapportez ça à l'année et vous verrez que vous avez intérêt à y penser lors de l'aménagement. C'est pourquoi les trois zones d'activités doivent être disposées de manière à ce que l'évier, le four et le réfrigérateur ne soient pas trop éloignés les uns des autres.

Implantation en I, II, U, L... Kesaco ?

Suivant la surface de votre cuisine, sa place dans votre appartement, l'emplacement des arrivées et évacuations d'eau et vos propres exigences, vous aurez le choix entre cinq implantations standardisées. Bien entendu, vous pourrez, à partir de ce schéma de base, créer votre cuisine à loisir en choisissant par exemple de remplacer un meuble bas par un meuble nomade.

- En I, dite aussi en ligne. Réservé aux cuisines étroites mais d'une longueur suffisante, cet aménagement se compose d'une rangée unique où tout est rassemblé. Veillez dans cette configuration à respecter les distances minimales entre chacun des pôles ;

- en double I, dite aussi en parallèle. Votre pièce doit être assez large pour laisser un couloir au centre d'une largeur minimale de 1,20 m. Habituellement, les pôles cuisson et lavage occupent une ligne, la deuxième ligne comprenant la zone de préparation, les rangements et le stockage des aliments frais (réfrigérateur, congélateur) ;

Trouvez les bonnes solutions

• en U. La plus optimale si la surface de la pièce le permet. Regroupés sur trois faces, les éléments sont proches sans entraver vos mouvements. On fera dans cet espace 40 % de déplacements en moins que dans une configuration en I ;

• en L. Elle est la plus répandue car elle s'adapte à toutes les situations. Le L peut être orienté vers le mur ou vers une pièce à vivre si la cuisine est ouverte ;

Inter IKEA Systems B.V.

• avec îlot central. Le dernier chouchou des designers ! Sophistiqué, prêt à tout accueillir, de l'évier à la plaque de cuisson, il s'intègre dans une cuisine large et ne vous dispense pas d'éléments muraux. Il nécessite en revanche de prévoir les équipements qui viendront au milieu de la pièce (gaines pour la hotte aspirante, arrivée et évacuation d'eau).

Faites de vieux os !

Vous passez en moyenne deux heures chaque jour à vous agiter dans votre cuisine, soit huit années en vingt ans de levers de bras, de pliages de jambes, de ports inopinés de kilos de nourriture... Les générations seniors et les personnes handicapées ont fait bouger les standards souvent mal adaptés. L'ergonomie est devenue une norme pour tous les fabricants.

Ainsi, nous sommes aujourd'hui plus grands et la hauteur du plan de travail est passée de 85 à 90 cm. Mais vous pouvez toujours adapter cette hauteur à votre taille en réglant les pieds du meuble qui le soutient.

Il est courant de trouver des colonnes dans lesquelles sont insérés réfrigérateur, congélateur ou four, qui de ce fait se trouvent à hauteur des yeux. Plus rarement, et c'est dommage, le lave-vaisselle est placé de manière à ce que vous n'ayez pas à vous plier en quatre pour le charger. Voici d'autres astuces :

• en installant une plaque à induction encastrée, vous n'aurez plus à soulever les plats ; il vous suffira de les faire glisser du plan de travail au plan de cuisson ;

• les cocottes en fonte pèsent lourd et sont délicates à manipuler. Remplacez-les par des matériaux beaucoup plus légers ;

• ayez toujours près de vous une table roulante aux étagères solides, bien pratique pour ranger la vaisselle propre ou déplacer les plats trop lourds ;

• selon que vous êtes gaucher ou droitier, placez la charnière des portes de façon à ce que leur ouverture vous soit facilitée.

• une petite douchette adaptée à la robinetterie de votre évier vous permettra de remplir vos casseroles d'eau directement sur le plan de cuisson ou sur le plan de travail.

Cherchez bien dans votre cuisine, vous trouverez sûrement des améliorations possibles et simples à mettre en œuvre.

Pensez aux prises électriques. Le mur que vous équiperez doit être muni de plusieurs points de branchement pour le gros électroménager et sur la crédence pour les petits appareils. Éventuellement, prévoyez une prise téléphonique et une prise pour le câble et la télévision. L'intervention d'un professionnel est conseillée.

Attention aux coups et blessures !

Les urgentistes sont formels, la cuisine est le lieu de tous les dangers ! Mais pas de panique, quelques gestes simples et des précautions de base éviteront la plupart des accidents ou des petits bobos.

• Si la famille est nombreuse et la cuisine le lieu de rendez-vous, une trousse de premiers soins se glissera à bon escient dans un tiroir : un gel à l'arnica contre les bosses, un désinfectant et des pansements en cas de coupure et un tulle gras pour les brûlures.

• On se fait mal dans une cuisine bien souvent parce que l'espace entre les éléments est insuffisant. Pour éviter les scalps provoqués par les portes ouvertes des placards hauts, vous pouvez choisir entre rehausser votre meuble, ce qui n'est guère pratique pour le rangement, ou installer des placards étroits aux portes escamotables.

• Si vous installez vous-même votre cuisine, prenez les bonnes mesures. Laissez un espace libre d'au minimum 70 à 80 cm devant un meuble, 75 cm devant un évier, 80 cm devant un réfrigérateur, 85 cm devant un four, 90 cm devant un lave-vaisselle, 1 m devant le poste de cuisson ou 1,20 m si vous avez une cuisine en parallèle, et prévoyez un écart minimum de 50 cm entre les meubles bas et hauts.

• Les accidents domestiques sont la première cause de mortalité infantile ! Je sais, c'est terrible, mais il est assez simple de prévenir certains risques inhérents à une cuisine. Voici dix conseils à appliquer d'urgence.

1. Ne laissez jamais votre enfant seul dans la cuisine.

2. Si vous êtes en train de préparer le repas, soit vous mettez une barrière de sécurité à l'entrée de la cuisine (si le reste de l'appartement est sécurisé, bien sûr), soit vous le cantonnez à sa chaise.

3. Ne le prenez jamais dans vos bras quand vous manipulez des casseroles chaudes ou des objets tranchants.

4. Placez tout ce qui est dangereux (petit électroménager, couteaux, verres, sacs plastiques, etc.) hors de sa portée.

5. Placez devant vos plaques de cuisson une solide protection et des caches sur les boutons de votre gazinière. Tournez les poignées des casseroles vers l'intérieur pour qu'il ne puisse pas s'y suspendre et les renverser.

6. Limitez la température de l'eau chaude de vos sanitaires (60 °C maximum).

7. Fermez dès que vous les avez utilisés flacons, boîtes, bouteilles et notamment les produits ménagers (lessives, détergents, eau de Javel, etc.) et rangez-les hors de sa portée. Débranchez les appareils (mixeur, cafetière, etc.) et repliez les fils électriques.

8. Ne transvasez jamais un produit dangereux dans un flacon de produit alimentaire.

9. Installez des systèmes de blocage aux portes des éléments bas.

10. Conservez bien en évidence la liste des services d'urgence (centre antipoison, fournisseurs de gaz et d'électricité, police, Samu, pompiers, etc.) et, si possible, apprenez les bases du secourisme.

Les incontournables

Pas de cuisine sans évier ni électroménager. C'est une lapalissade, du moins en apparence ! En réalité, leur emplacement détermine l'agencement de votre mobilier et tous les travaux à réaliser en amont (plomberie et électricité).

Bien choisir son évier et son robinet

• Évier à simple ou double bac, cuve ou timbre d'office… le choix de la forme et du matériau dépend de votre décoration. Cet utilitaire a fait récemment sa petite révolution en devenant polyvalent : l'un de ses deux bacs fait office d'égouttoir, de lave-vaisselle, de bassine pour le lavage des légumes, et recouvert d'un plan, il devient un espace de préparation.

• Pour le choisir, définissez l'espace disponible. Il doit être suffisant mais pas excessif. Vous faites toute votre vaisselle à la main ? Prenez un modèle profond à deux bacs et assez long pour y laver les grands plats. Un égouttoir

intégré s'impose, sinon gare aux infiltrations d'eau sur le plan de travail et les placards situés en dessous !

• Ça mitige ou ça mélange dans la robinetterie ! Dans le premier cas, débit et température sont actionnés avec une seule commande ; dans le second, les débits d'eau chaude et d'eau froide se règlent séparément. Les mitigeurs thermostatiques vous permettront de régler automatiquement la température de l'eau, une sécurité pour vos enfants. Certains modèles sont équipés d'une douchette à deux jets : normal ou « pluie » pour rincer vos légumes et votre vaisselle. Tous deux s'encastrent dans le mur ou se posent sur l'évier. Qu'importe le modèle pourvu que vous ayez un bec de robinet orientable et placé à bonne distance de l'évier pour ne pas entraver vos manipulations.

Un électroménager branché !

• Qu'ils sont beaux, les petits nouveaux ! Recouverts d'inox brossé ou de vifs coloris, ils s'habillent pour nous séduire. Lignes racées ou *revival* campagnard, ils prennent toutes les formes et s'accordent facilement à la déco de votre cuisine. Quitte à doucher votre enthousiasme, je vous conseille cependant d'éviter l'excentrique série limitée rose bonbon dont vous ne saurez que faire le jour où vous changerez le ton de vos murs.

- Si vous souhaitez une cuisine dépouillée, pensez aux équipements intégrés qui disparaissent entièrement derrière des façades assorties à vos meubles.

Le conseil de VALÉRIE

Il n'y a pas de petites économies

- *Avant de craquer pour le réfrigérateur américain à double porte, très classe mais pas vraiment économique, comptez le nombre de repas pris à la maison et le nombre de convives. Inutile de vous encombrer si vous n'êtes que deux.*
- *Pensez à votre facture d'électricité au moment d'acheter car les appareils ont des performances très inégales. Pariez aussi sur les modèles multifonctions qui vous feront gagner de la place, comme par exemple les fours à cuisson combinée.*

Le monde du silence

Chut ! Vous entendez ? Rien ? Et pourtant, le lave-vaisselle est en marche ! Ces appareils dépassent désormais rarement 50 dB, un murmure au regard des 80 dB de votre petit électroménager. Pour éviter de vous abrutir dès que vous utilisez votre robot ménager, achetez un modèle à moteur « mode lent » (58 dB). Évidemment, il est plus cher ; la tranquillité a un prix !

Les sans-fil débarquent

Votre plan de travail est encombré de câbles ? Rassurez vous, ce sera bientôt fini. Les fabricants de petit électroménager entrent dans la génération high-tech des « sans-fil », plus faciles à ranger et à manipuler. Ça existait déjà pour les perceuses, alors... Le dernier cri est la base de travail réunissant plusieurs appareils (cafetière, bouilloire et chauffe-lait, par exemple). Les appareils classiques ont tous une version « mini » pour les célibattant(e)s.

Adieu les mauvaises odeurs

• Les fumées, la vapeur et les odeurs ne doivent pas stagner dans l'air ambiant de votre cuisine. Le salut viendra de la hotte aspirante. Il en existe de deux sortes : celles qui recyclent l'air en absorbant au passage les petites mauvaises odeurs (extraction) et celles qui les évacuent grâce à un conduit de cheminée (hottes complètes).

• La configuration de votre maison et de votre cuisine déterminera votre choix. Elle doit être placée à une hauteur minimale de 65 cm pour des foyers électriques et de 75 cm pour les foyers mixtes. Pour une pièce de 30 m^3, la quantité d'air aspiré (ou débit) sera d'au moins 240 à 300 m^3/h.

Le recyclage

Depuis peu, les appareils ne peuvent plus être déposés en rase campagne. C'est tant mieux ! Mais qu'allez-vous en faire ? Rassurez-vous, quand vous achetez un appareil neuf, le vendeur est dans l'obligation de vous débarrasser de l'ancien, qui sera dûment récupéré, dépollué et recyclé. Au prix de votre nouvel appareil s'ajoute une éco-participation dont le montant varie selon le type de produit. Cette taxe vous garantit le recyclage de votre appareil en bout de course. Pas belle, la vie ? Pour en savoir plus et calculer la consommation de vos appareils, consultez le site www.eco-calculette.fr.

Le conseil de VALÉRIE

Vive les modèles économiques

• Sur les étiquettes, vous trouverez une échelle colorée de A à G qui classe les appareils selon leur consommation d'énergie. Si vous choisissez des modèles étiquetés A+ et A++, vous pourrez réaliser de 25 à 40 % d'économies d'électricité.

• Certains lave-vaisselle disposent de deux zones de lavage, d'où une économie d'eau et de temps considérable.

• Les plaques de cuisson à induction de puissance élevée réduisent les temps de cuisson de 40 à 60 %. Allez, il vous faudra un peu de temps pour choisir, mais, au final, vous y gagnerez.

SUGAR
COFFEE

C'est parti !

Vous avez choisi l'électroménager et la disposition du mobilier, le plus dur est fait. Maintenant, il ne vous reste plus qu'à concevoir votre déco. Ce n'est pas un jeu d'enfant, mais presque... Quelques règles fondamentales suffiront à vous guider. Que du bonheur !

De la couleur...

On a beau dire, on a beau faire, ça fait du bien de vivre en couleurs ! Dynamisantes ou apaisantes, elles ont un impact certain sur notre humeur. Dans une cuisine, souvent très encombrée, vous devez manier le pinceau avec discernement et toujours avoir une vision d'ensemble ! Avant de vous décider, faites un tour chez les cuisinistes et étudiez votre réaction face à un modèle très coloré. Vous sentirez très vite si une couleur dense vous gêne ou vous convient. Une seule règle : faites-vous confiance.

Si vous ajoutez aux couleurs et brillances des matériaux (le bois en particulier) et à l'encombrement visuel des ustensiles plus de deux couleurs en aplat, gare à l'asphyxie ! Mieux vaut opter pour une ou deux couleurs soutenues que vous réserverez à un pan de mur. Vous pourrez la rappeler par petites touches sur les portes des placards, sur la crédence, le plan de travail ou dans le coin repas.

La finition choisie pour vos meubles va influencer votre choix, car certaines couleurs s'accordent mieux avec les textures mates ou brillantes. Le bleu et le métal font bon ménage, le bois foncé s'accorde avec les verts denses (olive, avocat, oxyde). Si vos meubles sont colorés, votre fond sera neutre (et inversement !).

• Le **blanc** : froid en apparence, il possède l'incomparable vertu de s'allier à toutes les couleurs denses. Il fait un excellent fond si vous souhaitez

ajouter des touches de couleurs primaires. Ses multiples variantes autorisent les associations avec de nombreux matériaux, en particulier le métal et le bois

• Le **noir** : traditionnellement, le noir entre peu dans nos cuisines ! Et pourtant, il lui donne une élégance folle… pour peu qu'il soit associé à une couleur chaude et que la pièce soit suffisamment lumineuse.

• Les **gris** : distingués, ils seront plus appréciés dans des finitions brillantes ou satinées qui renvoient la lumière. Ils sont grands amis des couleurs chaudes qu'ils soutiennent sans les dénaturer.

• Les **couleurs froides** agrandiront votre espace si votre cuisine est petite ou mal éclairée. Le vert se marie avec les bois : pour une plus grande harmonie, il sera clair avec les bois

clairs et plus soutenu avec les bois foncés. Les bleus sont à manier avec précaution et s'entendent mieux avec le métal qu'avec le bois.

• Les **couleurs chaudes** sont parfaites pour les cuisines authentiques où les murs sont enduits. Vous chercherez dans les gammes de rouge, d'ocre et d'orangé. Le jaune dynamise, éclaire et s'accorde avec les couleurs froides. Pour un aspect plus contemporain, tournez-vous vers le rose, le fuchsia et le saumon, les oranges et jaunes vifs. Si vous tenez à coller à l'actualité, couvrez vos portes de placard d'une laque d'un rouge soutenu (carmin, bordeaux, etc.).

Du motif...

Dans ce domaine aussi, tout est permis ! Sauf, bien entendu, l'accumulation de couleurs et de motifs ou alors c'est de la haute voltige ! Chaque motif implique un style et vous ne pourrez afficher une faïence rustique ou un papier peint à fleurs des années 1950 dans une cuisine high-tech. Mais choisi en accord avec votre mobilier, il donnera un cachet certain à votre déco et deviendra cette petite touche sophistiquée qui singularise votre cuisine.

• Vous pourrez sans vous tromper réserver le motif ou un jeu de plusieurs couleurs à la crédence. Cette partie limitée par les éléments hauts et bas du mobilier se prête à tout. Elle peut même devenir le point d'ancrage de toute votre déco.

• Si vous aimez les grès, les faïences et les mosaïques, laissez parler votre imagination. Sa taille vous permet de surcroît d'utiliser des matériaux coûteux mais spectaculaires comme les faïences à insert. Cette mise en scène dictera la tonalité de vos peintures et de votre plan de travail. Vous pourrez même les retrouver sur votre rideau avec les techniques de transfert sur tissu, par exemple.

Le conseil de VALÉRIE

• Certaines couleurs ont aujourd'hui la cote (les rouges, les blancs et le noir). Ne vous en privez pas, mais cherchez la nuance qui vous convient le mieux et qui ne vous donnera pas la nausée dans six mois. Un bordeaux ou un rouge cardinal vieilliront différemment.

• Si vous ne vous sentez pas sûr de vous, ne vous attaquez pas aux placards, auxquels vous réserverez une couleur neutre, mais à un pan de mur, plus facile à repeindre que les façades des meubles. (Voir aussi Une maison tout en couleurs, Valérie Damidot, Hachette Pratique / M6 Éditions.)

Faites le test !

Avant de vous lancer dans la pose d'un papier peint, l'application d'un pochoir ou d'un sticker, testez différents motifs sur les textiles de la cuisine : nappes, serviettes, torchons, coussins de chaises, rideaux... Vous pourrez ainsi décider de la nature du dessin : petits ou grands motifs, figuratifs ou géométriques, de couleurs vives ou plus éteintes... Ces choix n'engagent à rien, car il est facile de changer sa nappe, mais vous aideront progressivement à décider de la déco définitive.

De l'harmonie...

C'est le maître mot d'une déco réussie ! Vous y parviendrez si vous hiérarchisez vos choix : il vous faut un point de départ sur lequel vous ne reviendrez pas ! Il peut s'agir d'une tonalité, d'une matière ou d'un motif, d'un meuble de famille ou d'un tableau que vous voulez mettre en valeur. Peu importe, pourvu que la composition finale soit en harmonie.

• Si votre point de départ est un matériau : reprenez l'esquisse donnée au chapitre IV qui répertorie les différents styles. En fonction des matériaux dominants, décidez de ce qui vous inspire. Le métal est plutôt froid mais moderne, le bois convivial mais très classique même dans ses finitions claires, le béton difficile à mettre en œuvre, etc. Vous avez sûrement une préférence pour l'un d'entre eux. Laissez-vous porter par cette intuition. Quand vous aurez décidé quel matériau sera dominant, il sera alors bien plus facile d'y associer des couleurs, des formes et des accessoires.

• Si votre point de départ est un meuble : vous pourrez personnaliser les façades de vos placards en reprenant une moulure ou en choisissant un placage proche de l'essence dont est constitué votre meuble (noyer, chêne, etc.).

De l'impertinence !

Trop sage, trop lisse, trop bien léchée, la déco perd de sa spontanéité. Et dans une cuisine, où le quotidien devient vite envahissant, vous pouvez sur certains éléments jouer les trouble-fêtes. Une vaisselle colorée sur une table, un bouquet, une bibliothèque ou un objet usuel au design décalé vous apporteront cette touche d'humour indispensable.

Ne vous éparpillez pas

Cadres, pense-bêtes, crochets à torchon... tout ce petit fatras pourrait bien être le poil à gratter de votre déco. Décidez d'emblée si vous les cachez ou non, et tenez-vous à ce principe. Ce qui signifie, par exemple, que vous ne choisirez pas vos torchons ou votre petit électroménager à la légère dans le cas où vous avez choisi de les montrer.

• Vous les cachez : essayez dans la mesure du possible de suspendre vos torchons dans un meuble bas (sous l'évier, c'est parfait). Cachez le petit électroménager dans un placard

proche de la crédence, et les ustensiles dans des tiroirs. Rassemblez les cadres et les pêle-mêle sur une seule étagère filante. Limitez l'accumulation de pots, vases et autres ou alors mettez-les en scène dans un vaisselier ou sur des étagères.

• Vous les montrez : il vous faudra accorder leur style et leur couleur à ceux de vos meubles. Ce qui implique une certaine recherche : épluchez les catalogues des magasins spécialisés dans les textiles de la maison et les ustensiles de cuisine.

Le conseil de VALÉRIE

Pensez à tout !

Ne négligez aucun élément de votre pièce. Sol et plafond, par leur surface, vont influer fortement sur votre déco. Bien trop occupé par le choix des meubles et des peintures, vous aurez tendance à les oublier.

• Si vous avez multiplié les effets avec le mobilier, choisissez un sol de couleur neutre qui les mettra en valeur.

• Si en revanche votre décor est épuré, misez sur un sol dont l'impact visuel sera plus fort.

• Un plafond donnera une sensation d'espace s'il est peint dans une couleur claire, mais vous harmoniserez mieux l'ensemble en couvrant d'une même teinte murs et plafond.

Tout changer sans rien changer !

Vos éléments tiennent la forme et en ont encore pour dix ans de bons et loyaux services avant de passer à la casse ? C'est très bien, seulement voilà, la couleur originelle est passée de mode et vous voulez en changer. Pas de panique. Vous pourrez les repeindre facilement quel que soit le matériau.

• Rendez-vous dans un magasin de bricolage. Il existe aujourd'hui toutes sortes de peintures spécialisées. Vous n'échapperez pas à un nettoyage de fond, à un léger ponçage et peut-être à une couche d'accrochage.

• Pour des effets graphiques ou des motifs, pensez aux adhésifs, stickers et pochoirs. Profitez-en pour changer les poignées ; en général, l'opération est simple et peu coûteuse.

Une nouvelle robinetterie

Après les portes de placard, votre sol et vos peintures, vous pouvez finaliser votre nouvelle déco en changeant le robinet de votre évier. Ce n'est pas sorcier et très efficace. Il existe de très nombreux modèles et sûrement un qui convienne à votre nouvelle cuisine : rétro pour une ambiance campagnarde, design pour une ambiance moderne, simplissime pour les cuisines minimalistes.

Détournements

Le détournement d'équipements industriels ? On ne peut pas faire plus tendance ! Attention toutefois à la surenchère et au total look. Si les éléments empruntés aux artisans et petits industriels font merveille dans un loft ou une usine reconvertie, ils peuvent étouffer la petite cuisine d'un appartement. Encore une fois, la réussite de cette reconversion est une question de dosage !

• Le détournement des éléments de professionnels est tout un art. Si vous recherchez un meuble qui a vécu, vous dénicherez la perle rare dans les brocantes spécialisées ou les ventes aux enchères. Mais comme ils auront servi, il vous faudra les décaper, les nettoyer, bien souvent les réparer et prévenir les attaques de rouille. C'est du boulot, mais le résultat est spectaculaire.

Les grands classiques ressuscités !

Les grands classiques du design du XXe siècle étaient, il y a encore quelques années, inaccessibles aux néophytes. Mais leurs lignes toujours contemporaines continuaient de séduire. Les fabricants se sont alors lancés dans la réédition de modèles inaltérables, dont le mobilier créé par nos stars françaises (Le Corbusier, Pierre Jeanneret et Charlotte Perriand). Pour retrouver le cachet de ces meubles, il vous faudra cependant choisir un fabricant de qualité, sinon gare à la mauvaise copie.

• Plus faciles à adapter, les équipements de bricolage que vous trouverez dans n'importe quel grand magasin. Le jour où vous les achetez, munissez-vous d'un mètre car leurs dimensions sont différentes de celles habituellement admises en cuisine. Il vous faudra harmoniser l'ensemble de votre mobilier avec cet élément.

Le point sur les tables et les chaises

Vous n'avez pas la place pour autre chose qu'une table d'appoint et deux chaises ? N'en profitez pas pour mettre n'importe quoi ! Ce coin repas doit s'accorder avec l'ensemble de votre aménagement.

• Ce n'est pas si difficile : reprenez la couleur ou le matériau dominant sur le plateau de la table ou sur l'une des chaises et choisissez son style (bistrot pour une cuisine conviviale, en verre sablé pour une cuisine moderne, en métal coloré pour une cuisine campagnarde).

• Allez fouiner du côté du mobilier de jardin : vous y trouverez des tables de petit format avec leurs chaises pliantes assorties. Respectez un dégagement minimal autour de la table de 75 cm.

• Si vous manquez de place, pensez aux tables à abattant repliable, aux tables qui se replient sur le mur et aux chaises pliantes.

Le grand retour de la toile cirée !

On l'avait, à tort, reléguée au rayon « des mamies maniaques », en oubliant qu'en protégeant la table, elle la mettait aussi en valeur. Les fabricants se sont ressaisis et proposent aujourd'hui une large gamme de styles et de motifs. Les matières aussi ont évolué et vous trouverez des textures très proches du tissu qui n'en auront pas les inconvénients.

Les stores et les rideaux

C'est un lieu commun, mais tant pis, je vous le rappelle, une belle fenêtre est une fenêtre habillée ! Et pas n'importe comment… Toujours et encore dans le style auquel vous vous tenez depuis le début. Et ne me dites pas que vous n'avez pas le choix, rideaux et stores se déclinent dans toutes les matières, toutes les couleurs et toutes les finitions. Allez, on repart en chasse… et on ne se décourage pas !

• Les stores vénitiens et leurs lamelles ont un charme fou si on les associe à du mobilier de bois, mais seront moins pertinents dans une cuisine « régionale ».

Lavables, bien sûr !

Avant de craquer pour un textile dernier cri ou un store vénitien, vérifiez que vous pourrez les laver et dans une cuisine, un nettoyage régulier s'impose. Si vous choisissez des voilages, suspendez-les encore mouillés et ils retrouveront leur forme. Pour dépoussiérer vos stores, bon courage ! C'est long et fastidieux, mais leur impact sur une déco vaut bien un petit effort.

• Les rideaux se bonifient avec les nouveaux textiles qui se lavent facilement et se prêtent à de multiples teintes et motifs. Une nouvelle génération utilise les matériaux branchés comme l'aluminium en pastilles suspendues qui renvoient la lumière et dans lesquelles se reflète votre décor. À réserver aux cuisines modernes ou high-tech.

• Traditionnels, les rideaux « brise-vitre » qui se fixent sur les cadres des fenêtres, souvent à mi-hauteur. Ils existent aujourd'hui dans des styles variés et modernes, agrémentés de pompons, de broderies ou de pampilles. Ils sont, comme les stores bateaux, très faciles à personnaliser.

Que la lumière soit !

L'éclairage, vous le savez, à une forte influence sur l'atmosphère d'une pièce quand il ne la conditionne pas tout entière. Dans la cuisine, l'ouvrage est complexe, car il faut à la fois éclairer des points particuliers et l'ensemble de l'espace.

• Une bonne lumière est indispensable au-dessus du plan de travail. Vous pourrez, sans difficulté, installer sous les meubles hauts des tubes « basse tension ». Mais il vous faudra aussi un éclairage directionnel pour l'évier et la plaque de cuisson.

• N'oubliez pas de prévoir un luminaire au-dessus de votre coin repas. Son habillage (abat-jour, lustre ou spots) dépend du style de votre cuisine. Les spots collent à une déco contemporaine, les appliques, lustres et lampes à abat-jour aux cuisines plus traditionnelles.

Pleins feux sur votre assiette !

C'est bien connu et prouvé scientifiquement, votre repas sera plus appétissant si la lumière met en valeur les couleurs des aliments. Il est donc indispensable que vous disposiez d'un bon éclairage au-dessus de votre table. L'idéal est d'installer une suspension. Elle sera placée au centre de la table pour éclairer également tous les convives sans gêner leurs mouvements quand ils se lèvent et conçue de manière à ne pas les éblouir.

Votre cuisine a du style !

Vous vous sentirez bien dans votre cuisine si et seulement si vous l'avez pensée à votre goût. Les accessoires sophistiqués, les aménagements bien conçus ne sauraient vous faire oublier que vous détestez l'atmosphère de laboratoire qui s'en dégage ou son allure faussement industrielle ! Or, dans la cuisine, le mobilier a un impact fondamental sur son style.

Les styles de cuisine

Bien sûr, tous les styles de cuisine existent, mais il est difficile aujourd'hui de sortir des standards, surtout si vous faites appel à une marque de cuisiniste. Voici les plus prisés du moment.

• La cuisine de style « design »

Rien ne dépasse et tout est réfléchi. Les lignes du mobilier sont épurées, les matériaux d'excellente qualité, les façades dépouillées (même les poignées sont intégrées aux portes). Tout ce qui est commun est caché, l'électroménager (petit et gros) ne se montre que s'il est un objet digne d'être vu. La cuisine « design » est plutôt monochrome et toutes les surfaces sont réfléchissantes (verre, inox, laque). Le sol est en béton ou brillant métallisé ! Elle a le vent en poupe, mais nécessite un budget à la hauteur !

• La cuisine de style « industriel »

Cette cuisine est la reine du détournement ! Tout ce qui a servi un jour

à faire fonctionner une usine ou un atelier (établis, étagères de métal, suspensions, etc.) y trouve une seconde jeunesse. Elle allie à la froideur du métal utilitaire des couleurs vives, posées par touches dans la vaisselle, les chaises, etc. Devant leur succès, de nombreuses marques ont réédité les modèles les plus courants : étagères, établis, etc.

- **La cuisine de style « campagne »**

Chaleureuse, un peu désordonnée (juste ce qu'il faut), cette cuisine rend au bois brut, vernis ou ciré ses lettres de noblesse. Elle mélange meubles de cuisine et meubles paysans (buffets, vaisseliers, etc.), souvent équipés de casiers de jonc ou de sisal. Les imprimés fleuris y ont une place toute trouvée. Une grande table en fait souvent tout son charme. Son alter ego est le style « régional » : des tomettes au mobilier, cette cuisine-là n'est que référence à une région. C'est une cuisine de chineurs qui arpentent les brocantes pour trouver LE meuble qui identifie un pays (panières provençales, buffet bressan, etc.).

- **La cuisine de style « contemporain »**

Un compromis entre la cuisine design et la cuisine traditionnelle, cette cuisine est la plus facile à vivre. Les éléments qui la composent se trouvent couramment en kit ou chez les cuisinistes. Les surfaces sont chaleureuses et claires (hêtre, chêne clair, bouleau, etc.). Bref, c'est une cuisine qui ne « se la joue pas » ! Vous pourrez la personnaliser facilement avec quelques éléments décoratifs ou une peinture flashy.

Votre cuisine a du style !

Petit inventaire du mobilier de cuisine

Linéaires ou dépareillés, les placards sont à la cuisine ce que le lit est à une chambre ! Incontournables, indispensables, inévitables ! Ne prenez pas leur organisation et leur qualité à la légère, sinon gare au désordre ! D'eux dépend le bon fonctionnement de la maisonnée.

• Les meubles hauts et bas

Avant d'acheter la cuisine en kit qui vous séduit, vérifiez bien que sa qualité est suffisante. Vingt ans, c'est la durée de vie moyenne d'une cuisine, alors autant ne pas se tromper !

L'épaisseur du dos doit être égale à celle des montants (pas moins de 8 mm). Les systèmes de fixation des meubles hauts vont supporter une charge qui peut approcher les 100 kg ! Avant de les poser, assurez-vous de la solidité du mur. Si vous le pouvez, installez des portes coulissantes ou « lift » (elles basculent à l'intérieur du meuble). Les charnières métalliques réglables permettent une ouverture à 90°. Les charnières à double clip sont les plus

Le conseil de VALÉRIE

Non au total look

Vous le savez, pour moi, le total look en déco manque de chaleur, de convivialité et de capacité d'adaptation. Et puis, nous ne vivons pas dans un monde virtuel ; dans la vie de tous les jours, des surfaces brillantes du sol au plafond, c'est un peu dur pour nos mirettes et plus encore à entretenir ! Aussi, je vous invite à mixer avec discernement les différents styles : des chaises de bistrot iront très bien avec une table en verre et un plan de travail en bois s'accorde à merveille avec une hotte en inox.

solides (l'une est posée sur le caisson, l'autre sur la porte).

Des joints d'étanchéité protègent efficacement les socles contre les infiltrations d'eau, inévitables dans une cuisine.

Pour s'adapter à un sol inégal, la hauteur des pieds doit pouvoir se régler. Assurez-vous que vous pourrez adapter l'espace entre deux étagères en fonction du contenu.

LAFEYRE la maison...

• Histoire de tiroirs

Le tiroir idéal s'ouvre complètement et ses charnières sont munies de roulements à billes, équipés de freinage incorporé. Ouverture et fermeture se font alors en douceur. Il est léger, mais capable de contenir de 40 kg à 80 kg de charge. Il se décline en plusieurs longueurs (de 15 à 240 cm) et peut accueillir toutes sortes de rangements modulaires (alvéoles, séparateurs amovibles).

Pour une cuisine organisée, voici quelques incontournables qui vous faciliteront la vie : le tiroir sous l'évier pour les produits ménagers et un porte-torchon, la poubelle sur chariot pour le tri, les tiroirs grand format pour les ustensiles encombrants (casseroles, cocottes, etc.), les colonnes coulissantes pour les épices ou l'épicerie.

Votre cuisine a du style !

• Le plan de travail

Nous reviendrons plus loin sur les matériaux qui conviennent au plan de travail. Ils devront supporter sans broncher la chaleur, l'humidité et les chocs (stratifié, granit ou marbre durs, pierre naturelle ou de synthèse).

Cet élément central de la cuisine doit être conçu selon certaines règles : hauteur adaptée à votre taille et longueur suffisante (au minimum 60 cm) pour que la préparation des repas ne soit pas gênée par des appareils, de la vaisselle ou des ustensiles.

Idéalement, le plateau doit être d'un seul tenant pour éviter les raccords peu esthétiques et encore moins hygiéniques. Sa largeur est au minimum de 60 cm.

• La crédence

La crédence est la partie du mur laissée libre entre les meubles bas et les meubles hauts. Elle court tout le long du linéaire et surplombe tour à tour l'évier, le plan de travail et le pôle de cuisson.

Bien exploitée, cette surface vous fera gagner une place considérable. Équipez-la de rails où suspendre d'étroites étagères pour les épices, des crochets en S pour les ustensiles, etc.

Le mélange des matériaux est très tendance et donnera du cachet à votre cuisine. Il suffit qu'ils soient étanches, faciles à entretenir et résistants à la chaleur. Le mélange le plus courant associe le carrelage dans la zone de lavage, le stratifié pour celle de préparation et l'inox pour le pôle de cuisson.

• **Les accessoires**

Merci, les petits génies du concours Lépine. Vous avez transformé nos cuisines en musées des inventions domestiques. Contentez-vous dans un premier temps des classiques qui ont fait leurs preuves : séparateurs pour les tiroirs, panneaux de crédence multifonctions intégrant étagères à épices et crochets pour ustensiles, casiers à bouteilles, carrousels pour meubles d'angle, poubelles à compartiments pour le tri sélectif... Parmi les nouveautés : un strapontin pivotant qui se glisse dans un placard, un vrai gain de confort pour la préparation des repas.

Les accessoires high-tech coûtent cher et sont la plupart du temps vendus par une seule marque de cuisiniste. Vous ne pourrez acheter du kit et un accessoire d'une autre marque.

LAPEYRE *la maison...*

Le conseil de VALÉRIE

La façade a un prix

Le coût des meubles varie selon les matériaux choisis pour la façade, car la plupart du temps les caissons seront en bois aggloméré de 18 mm d'épaisseur. Plus le revêtement sera basique (médium revêtu d'un polymère décor, par exemple), plus l'achat sera économique. Mais rien ne vous empêche de mixer les matériaux de vos façades, puisque vous achetez les caissons et les portes séparément.

Les matériaux

Ils donnent le ton et leur qualité assure la longévité de votre aménagement. N'oubliez pas quand vous faites votre choix de prendre en compte les règles d'entretien qu'ils imposent. Le temps passé à les « briquer » peut gâcher tous vos efforts de déco. Ne vous décidez pas tout de suite et répertoriez toutes les finitions possibles qui peuvent changer radicalement l'aspect d'un matériau et faciliter (ou non) son entretien.

Le métal

Le chouchou des cuisines modernes a bien des avantages. Son élégance donne du style à une pièce et sa souplesse permet de le poser partout. Solide, étanche et résistant au feu, il se décline en plusieurs finitions.

• L'inox brillant a investi massivement l'électroménager puis les façades des meubles, les plans de travail et les crédences. Il a la peau dure mais s'entretient difficilement : il reproduit fidèlement les traces de doigts et laisse le calcaire bien en évidence une fois l'eau évaporée. S'il n'a pas peur du feu et des produits agressifs, il craint la rayure. Pour les plans de travail, sa version brossée satinée, dont la surface est micro-alvéolée (moins sensible aux rayures et facile à nettoyer), semble plus indiquée.

• L'aluminium n'a pour l'instant pas droit de cité pour les grandes surfaces. Il se contente des poignées, chants, plinthes, crédences, réglettes et étagères. Beaucoup plus simple à entretenir que l'inox, il devrait rapidement envahir nos cuisines : vendu sous forme de rouleaux, l'aluminium brossé se colle sur les vilains petits carreaux que vous ne pouvez plus supporter.

Le verre

Dépouillé de sa transparence, le verre joue les caméléons. Il est armé, givré, laqué ou teinté. Son entretien est un vrai bonheur et il est inaltérable, ce qui ne gâche rien. Sa texture allège une composition massive, qu'il soit utilisé en porte et façade des tiroirs ou pour le coin repas.

Les matières naturelles

Elles ont le vent en poupe et leurs nouvelles finitions ont considérablement prolongé leur durée de vie. Il existe de grandes différences de coût entre ces différentes matières. Avant de choisir, pesez bien le pour et le contre de chacune d'entre elles.

• Le bois massif ou en placage

Depuis la nuit des temps, c'est le plus fidèle allié de nos maisons et il domine dans la cuisine actuelle. Vous n'aurez que l'embarras du choix entre les essences, les teintes, les finitions... Attention cependant à la nature des essences. Certaines espèces sont menacées, vérifiez toujours qu'il s'agit d'un bois FSC provenant de forêts cultivées et non d'un abattage illégal. Pour plus d'informations, rendez-vous sur le site du WWF qui donne une liste claire des essences du monde entier : www.wwf.ch.

En déco, il s'est dépouillé de ses moulures rustiques au profit d'une sobriété de bon aloi. Les finitions actuelles laissent en général apparaître les fibres du bois.

• **Le bambou**

Estampillé « exotique », il avait quitté notre quotidien. Il revient dans une version vernie et inaltérable sur les murs et les façades des placards.

• **Le béton**

Que vous l'utilisiez au sol ou pour un plan de travail, il doit être traité impérativement avec un produit hydrofuge, sinon il aspire le gras ! Plutôt réservé aux cuisines haut de gamme, il convient cependant aux bons bricoleurs.

• **La pierre**

La plus connue est le granit, le plus robuste des plans de travail. Sa couleur noire est de plus très tendance. Les pierres bleues ou noires le suivent de près et font même office d'évier. Toutes les pierres s'associent volontiers (ardoise et marbre, ardoise et terre cuite, par exemple). L'ardoise est appréciée pour sa palette chaleureuse de coloris

(anthracite, vert ou chocolat). Vous la trouverez dans trois types de finition : adoucie, bouchardée ou bossagée.

Les matériaux composites

Ils sont faits de tout et en particulier des dernières innovations de la chimie. Qu'ils soient fabriqués à partir de matériaux naturels ou entièrement synthétiques, ils dominent un marché avide de nouveautés.

• **Le stratifié**

Il fait tout, il est partout depuis longtemps et pour longtemps. Solide, dur à la tâche, il ne craint qu'une chose : les infiltrations d'humidité qui à la longue pourrissent l'aggloméré qui le compose. Il serait impossible ici de dresser la liste exhaustive de ses finitions, il y en a pour tous les goûts. C'est le roi de l'imitation : il se maquille en toutes sortes de bois, en pierre et même en inox.

- Les matériaux de synthèse

Réalisés à base de minéraux et de résines, comme le Corian©, le Zodiak©, le Quartzstone©, le Minéralite©, ils se plient à toutes les audaces des designers. Formes audacieuses et couleurs profondes les caractérisent. Très résistants aux chocs, ils peuvent quelquefois se tacher à la vitesse grand V.

Le carrelage

Comme le bois, il est extrêmement répandu dans nos cuisines et a fait depuis longtemps la preuve de son efficacité. Mais de quoi est-il fait ?

Le conseil de VALÉRIE

Comment les associer ?

Vous ne pourrez faire autrement que d'associer plusieurs matériaux. Voici quelques associations qui marchent. Attention, tout est une question d'équilibre et de dosage :

- laque, métal et verre : difficile de faire plus contemporain. La laque est réservée aux façades, le métal à l'électroménager et à l'évier, le verre aux étagères et à quelques façades ;

- bois et métal : l'ensemble est chaleureux et facile d'entretien. Le métal y est plus une ponctuation (électroménager, plan de travail, poignées) et met en valeur la richesse esthétique du bois ;

- bois, pierre naturelle et métal : du bois pour le mobilier, de la pierre pour le plan de travail et de l'inox pour l'électroménager, l'évier et la crédence.

• Le grès cérame

Ce mélange d'argile et de silice se vitrifie au cours de la cuisson. D'une matière compacte, il est teinté dans la masse et est particulièrement résistant aux chocs et à l'érosion. Il réussit assez bien dans l'imitation (tissu, sisal, cuir, métal, béton, pierre et même papier peint) sans en avoir la fragilité. Vous trouverez des finitions mates, polies, structurées ou adoucies.

Leroy Merlin

• Le grès émaillé

Il se compose d'argiles mélangées recouvertes d'une couche d'émail. La délicatesse du procédé en fait un matériau aux riches effets, de bonne résistance au sol comme sur les murs, mais peu résistant aux chocs.

• La faïence

Son nom vient de la ville de Faenza dans le Nord de l'Italie et désigne la céramique fine et poreuse utilisée pour les carreaux muraux et pour la vaisselle. Les fabrications artisanales font toute sa diversité et tout son intérêt. On les utilise aujourd'hui plutôt en carreaux de grand format (60 x 60 ou 30 x 60) séparés par des joints fins.

La faïence se prête à toutes les inclusions et nombreuses sont les nouvelles productions incluant inserts de verre, de métal, de bois, de sable, de galets (Aire Azur Carrelage), ou même des LED, diodes électroluminescentes intégrées (Villeroy et Boch).

Votre cuisine a du style !

Les carrelages de caractère

• Les terres cuites

On les trouve unies ou avec un décor incrusté. Les plus classiques sont les tomettes, les octogones et les hexagones, courants dans les maisons de nos grands-mères. Parmi l'un de ses grands atouts : sa capacité à se marier avec le bois pour des décors raffinés.

Elles se posent au sol comme au mur et supportent la dure vie des plans de travail. Sa version émaillée est réservée aux murs. Parfaites pour une cuisine provençale, elles répondent bien aux sollicitations urbaines du métal ou à la plus sage alliance avec le bois.

• Les carreaux de ciment

De fabrication artisanale, ils sont entièrement faits à la main, à partir d'un mélange de sable, de ciment, de poudre de marbre et de colorants. Lourds, épais, ils sont réservés au sol, après

traitement hydrofuge et antitache. Les carreaux de ciment soutiennent une déco ethnique ou régionale.

- **La mosaïque**

Un assemblage de petits carreaux qui fait de l'effet ! Vous les trouverez en plaques pré-assemblées sur papier ou filet. Elles intègrent de la pâte de verre colorée, du grès, des émaux de verre, des émaux massifs, du bois et du métal, etc. À utiliser avec parcimonie dans les petites pièces.

Le conseil de VALÉRIE

Sachez lire les étiquettes

Le carrelage fait l'objet d'un classement appelé UPEC, qui spécifie les conditions d'utilisation que le carrelage est à même de supporter. Chaque catégorie est notée de 1 à 4, cette dernière étant la meilleure :

- U pour usure à la marche ;

- P pour poinçonnement et effets mécaniques du mobilier ;

- E pour comportement à l'eau ;

- C pour résistance aux produits chimiques et aux taches.

Le coefficient d'adhérence des revêtements de sol (plus ou moins glissant) est lui aussi noté de R9 à R13.

Les matériaux du sol

Grès, terres cuites, carreaux de ciment ou pierres naturelles sauront parfaitement se tenir dans une cuisine. Mais votre déco s'accommodera peut-être modérément de ces revêtements. Il vous en reste encore à découvrir.

• Le PVC

Comme le stratifié, il n'aime pas la monotonie. Ce revêtement polymère (la matière dont on fait les plastiques) se couvre de tous les décors imaginables. Vous en trouverez sûrement un qui se plie à votre style. Un petit bémol, cependant : il dégage des COV (Composés organiques volatils) nocifs pour la santé.

• Le linoléum

À base de liège, de chanvre et matières naturelles, il se pose aussi facilement qu'un PVC.

• Le parquet

Pourquoi pas, mais il faudra l'entretenir pour le protéger des taches et des infiltrations d'eau.

Gros plan sur la kitchenette

Plus l'espace réservé à la cuisine est petit, plus les options prises ont d'impact sur la vie quotidienne. Positionnez votre kitchenette le long d'un mur, équipez le plan de travail de prises électriques, soignez l'éclairage qui doit être dirigé sur l'évier, le pôle cuisson et le plan de travail.

L'équipement de base

• Il se résume le plus souvent à un bloc qui rassemble un évier/égouttoir, deux plaques électriques (à induction ou non) et un réfrigérateur, plus rarement un four. Ils mesurent entre 85 et 100 cm. Certains d'entre eux sont autoportants. Vous pourrez ainsi les emporter en cas de déménagement.

• Le plus simple est d'élever de part et d'autre du mur sur lequel est posée la kitchenette des cloisons de même largeur. Équipées d'étagères, elles circonscrivent la cuisine dans un périmètre défini qui peut être fermé par des parois coulissantes en verre, en bois ou encore en tissu. En dehors des heures de repas, la cuisine disparaît au profit d'une surface où vous pourrez décliner motifs et couleurs.

• À l'intérieur de ce bloc, jouez sur la hauteur disponible pour y suspendre étagères et crédences, fort utiles pour le rangement des ustensiles. Aménagez le dessous de votre évier d'une poubelle escamotable et d'étagères.

• Vous pouvez également délimiter l'espace de la cuisine avec un sol plus résistant (carrelage, linoléum ou PVC) dont la teinte sera assortie au reste de la pièce.

La vaisselle : point trop n'en faut

Si vous mangez rarement chez vous ou que vous y vivez seul, inutile d'accumuler. Ayez suffisamment de couverts, de verres et d'assiettes pour quatre personnes, des mugs faisant office de tasses à café, un saladier et un joli plat qui passe au four et se pose sur la table. La batterie de casseroles est inutile si vous n'avez que deux plaques ; deux suffisent. Une cocotte-minute pour les plats mijotés ou les légumes vapeur, une poêle antiadhésive, et vous serez équipé. Choisissez des tailles compatibles avec votre évier et vos plaques de cuisson.

Des équipements polyvalents

Four mixte en cuisson traditionnelle ou micro-ondes et/ou vapeur, machine à laver séchante… Les fabricants proposent aujourd'hui des modèles polyvalents en version compacte qui représentent un gain de place considérable. Ne vous détournez pas pour autant de la traditionnelle cuisinière avec brûleurs/plaques électriques et four intégré. Comparez l'encombrement de chaque appareil avant de prendre une décision.

Table ou bar ?

• Vous ne savez pas encore si vous préférez une table aux usages polyvalents ou un bar qui a l'avantage de masquer les éléments bas de votre cuisine. Pour choisir, prenez en compte la disposition de votre kitchenette, son encombrement et la forme de la pièce. Étroite, elle s'accommodera mieux d'un bar ; carrée, elle mérite une table qui peut aussi faire office de bureau.

• Sachez qu'à encombrement égal, une table ronde accueille plus de convives qu'une table rectangulaire. Quelle que soit votre option, prévoyez 60 cm par personne et libérez 75 cm tout autour de la table. Pour une table classique ou escamotable, la hauteur habituelle est de 75 cm. Si vous l'entourez de tabourets, leur assise doit se situer entre 63 et 65 cm.

• La hauteur habituelle d'un plateau de bar va de 90 à 110 cm ; prévoyez des tabourets en conséquence (75 cm au minimum). Vous pouvez aussi prolonger votre kitchenette par un plan de travail rabattable ou le placer de façon à ce qu'il fasse un angle.

• Les chaises, de préférence empilables, ne doivent pas seulement être légères et solides ; la stabilité et le confort de leur assise seront des gages de longévité.

Inter IKEA Systems B.V. 2008

Petit lexique

A

Agencement : il désigne d'une manière générique les éléments de cuisine regroupés et organisés selon un plan précis.

B

Baldaquin : ce panneau décoratif recouvre une suite de meubles.

Balustre : petite pièce tournée posée sur les étagères ouvertes pour empêcher la chute des objets.

Buffet : meuble traditionnel qu'il est toujours intéressant d'adapter aux goûts du jour.

C

Calepinage : technique de répartition des carreaux de carrelage qui permet de réaliser des motifs réguliers et géométriques. Certains fabricants proposent des logiciels qui vous aideront à calculer le nombre de carreaux nécessaires à la création de votre motif.

Charnière : élément d'huisserie actionnant la fermeture et l'ouverture des portes. Elle peut être encastrée dans la porte, et de ce fait rester invisible quand la porte est fermée, ou être apparente.

Clayette : étagère composée de tasseaux espacés les uns des autres. Utile pour entreposer les produits frais comme les légumes.

Contreplaqué : technique de fabrication du bois qui consiste à coller entre elles plusieurs feuilles de bois.

Crédence : c'est la partie du mur qui sépare les meubles hauts du plan de travail.

Cuisine américaine : ces cuisines sont ouvertes sur une autre pièce. Un bar ou un meuble bas sert à faire la transition.

D

Demi-lune : plateau pivotant en forme de demi-cercle pour meubles d'angle.

E

Encastré : dans un mode encastré, les appareils électroménagers sont glissés à l'intérieur des caissons mais leur façade reste visible. Dans un mode intégré, une porte vient cacher entièrement l'appareil.

F

Festonné : cette découpe décorative court souvent sur le sommet des meubles hauts.

Fileur : pièce d'ajustement placée entre les murs et les meubles.

G

Galbée (hotte) : forme arrondie donnée à la cape de la hotte.

Petit lexique

H

Habillage : panneau ou façade à poser sur un appareil intégré.

I

Induction : mode de cuisson.

L

Lamellé collé : technique de fabrication des panneaux de bois massif réalisés en assemblant plusieurs pièces de bois.

M

Médium ou MDF : panneau de fibres de bois de moyenne densité. Il se prête à tout et se peint très facilement.

Mélaminé : ce panneau se compose d'un fond d'aggloméré sur lequel on a collé un papier décoratif.

Mélangeur : deux commandes permettent de régler l'eau chaude et l'eau froide.

Mitigeur : la température de l'eau est régulée par une seule commande.

P

Piano : nom d'artiste pour dire plus simplement gazinière de pro.

Pilastre : cet élément décoratif vertical, en général à cannelures, nous vient directement de la Grèce antique ! À réserver aux grandes cuisines un peu théâtrales ou comme un trait d'humour !

Plinthe : lamelle de protection courant sur le bas d'un mur.

PVC : polychlorure de vinyle ou, plus simplement, revêtement plastifié !

S

Sécurit : le verre traité Sécurit ne se brise pas mais s'éparpille en petits cubes non tranchants. Il est tout à fait conseillé d'équiper les éléments de sa cuisine de verre Sécurit.

Stratifié : se dit d'un matériau composé de plusieurs couches (verre, bois, papier, etc.) collées entre elles par des résines ou des polymères.

T

Timbre : s'utilisait dans les cuisines d'autrefois. C'est un évier rectangulaire profond et dont les faces restent apparentes (au contraire de l'évier encastrable qui cache sa cuve dans un meuble).

V

Vaisselier : meuble rustique formé d'étagères étroites sur lesquelles la vaisselle est exposée plus que rangée.

Les bonnes adresses

Quelques sites de cuisinistes

www.alno.fr : le cuisiniste au top de l'innovation technologique.

www.but.fr : le concept Bibox vous permet presque du sur-mesure.

www.chabertduval.fr : chic et plutôt haut de gamme.

www.cuisines-aviva.com : propose des formules tout compris avec meubles montés en usine. Livraison et pose en supplément.

www.darty.com : après l'électroménager, il débarque dans la cuisine avec certains atouts, il faut le reconnaître, et un service adapté à chacun.

www.hardyinside.com : c'est beau, c'est froid, mais vous casserez votre tirelire. Pour le plaisir des yeux.

www.hygena.fr : pour ses opérations coups de poing, comme l'électroménager en plus pour 1 euro.

www.mobalpa.com : un fabricant de moyenne gamme de confiance.

www.perene.fr : pratique et fiable, la marque est plutôt sage.

www.sagne.com : vaut le détour pour ses couleurs flashy.

www.socooc.com : la nouvelle marque dérivée de Mobalpa propose des services à la carte pour le montage de votre cuisine.

www.vogica.fr : le leader français a son usine dans les Vosges. Timide sur la déco, mais solide sur le contenu !

Les accessoires

www.univers-maison.com :
petits ustensiles et objets déco.

www.kitchenaid.fr : accessoires et électroménager, so chic !

www.coranshop.fr : de beaux accessoires bien pensés, bien finis, mais coûteux.

Cuisines à faire soi-même

www.bricorama.fr

www.castorama.fr

www.fly.fr

www.habitat.fr

www.ikea.com

www.lapeyre.fr

www.leroymerlin.fr

www.monbeaubeton.com

www.solutionscuisines.com

Remerciements

L'éditeur remercie les partenaires suivants : **Fly** : pp. 35 et 39 (gauche) ; **IKEA** : pp. 16, 22 (bas gauche), 25 (bas), 41 (gauche), 43, 45 (droite) et 60 ; **LAPEYRE** : pp. 12, 23 (haut), 47 (haut), 49 et 59 ; **Leroy Merlin** : pp. 48 (gauche), 55 (gauche) et 58 (gauche) ; **Mon Beau Béton** : p. 53 (gauche), réalisation : **Arthemia**.

Crédits photographiques

Photos de Valérie Damidot : Cyril Plotnikoff/M6 : pp. 4, 9, 11, 12, 17, 28, 30, 35, 38, 46, 49, 54 et 57 ; **Agence Inside : B. Claessens** : pp. 2 (haut), designer : **M. Adelhardt**, 6, designer : **M. Adelhardt**, 25 (haut), 29, 42 (décoration : **A. & S. de Ceuleneer**) et 53 (haut), designer : **J. de Vis** ; **A. Baralhe** : pp. 2 (bas), architecte : **K. Simonot**, 15 (architecte : **K. Simonot**), 18, 20 (bas), architecte : **K. Simonot**, 44 (gauche) et 56 (gauche) ; **S. Dos Santos** : pp. 3 et 44 (droite) ; **H&L/M. Hoyle** : pp. 8 et 37 (droite) ; **D. Vorillon** : p. 9 (haut), designer : **M. Angus ; H&L/M. Green** : p. 9 (bas), architecte : **S. Dowdeswell** ; **L. Wauman** : pp. 10, 33 (haut), 34 (haut), 36, 39 (droite) et 40 ; **M. Roobaert** : pp. 13, 24, 33 (gauche), 50 et 52 (bas) ; **House & Leisure** : pp. 19 et 47 (bas) ; **S. Anton** : pp. 20 (haut), architecte : **Bindels**, et 33 (bas) ; **S. Clément** (styliste : **C. Mamet**) : pp. 21 (gauche), 38 et 58 (droite) ; **A. Von Einsiedel** : pp. 21 (droite), architecte : **Kuenne**, 45 (gauche) et 55 (bas) ; **J. Hall** : p. 22 (haut) ; **W. Waldron** : p. 22 (bas droite), designer : **D. Kleinberg** ; **I.A/F. Von der Schulenburg** : p. 23 (bas), décoration : **B. Oldfield** ; **H&L/A. de Beer** : p. 26 ; **H&L/S. Calitz** : pp. 27 et 57 ; **M. Arnaud** : pp. 28 (architecte : **J. Gauer**) et 31 (architecte : **M. Mack**) ; **Tito** : pp. 32 (architectes : **S. Ifrah** et **A. Barthelemy**, styliste : **M. Radot**), 34 (bas), styliste : **M. Radot**, et 48 (droite), architectes : **S. Ifrah** et **A. Barthelemy**, styliste : **M. Radot** ; **H&L/Dook** : p. 37 (gauche), architecte : **S. Godsell** ; **H&L/Dook/Ryno** : p. 41 (droite) ; **H&L/K. Bernstein** : p. 51 (architectes : **Peerutin**) ; **H&L/S. Chance** : p. 52 (gauche) ; **E. Saillet** : p. 56 (droite), architecte : **R. Beyan**, décoration : **agence Baroco**.

Direction : Jean-François Moruzzi (Hachette Pratique) – Sandra Ménoni (M6 Éditions)
Direction éditoriale : Pierre-Jean Furet
Édition : Marie-Catherine Reumaux assistée de Elsa Lebigot (Hachette Pratique)
Stéphanie Pelleray assistée de Marie Paumier (M6 Éditions)
Corrections : Marie-Édith Bernard
Suivi iconographique : Anne-Fleur Drillon
Conception intérieure : Nicole Dassonville et Salah Kherbouch
Réalisation : Les PAOistes
Couverture : Nicole Dassonville
Photo de couverture : © Hygena
Fabrication : Amélie Latsch
Responsables partenariats : Sophie Angereau (Hachette - 01 43 92 36 82)
Églantine Deneux (M6 - 01 41 92 66 12)

Produit en France par 20h50
D&CO. Marque déposée par Métropole Télévision

Imprimer en Italie par Canale
Dépôt légal : Avril 2008
ISBN : 978-2-01-621094-9
62-61-1094-01-2

L'éditeur, utilise des papiers composés de fibres naturelles, renouvelables, recyclables et fabriquées à partir de bois issus de forêts qui adoptent un système d'aménagement durable.

L'éditeur attend également de ses fournisseurs de papier qu'ils s'inscrivent dans une démarche de certification environnementale reconnue.